BARREAU DE POITIERS

DU DROIT DE VOTE DES FEMMES

DISCOURS

PRONONCÉ

A LA SÉANCE SOLENNELLE DE RÉOUVERTURE DE LA CONFÉRENCE DES AVOCATS STAGIAIRES

Le 18 Janvier 1913

PAR

PIERRE CHRISTIN

Avocat à la Cour d'Appel
Docteur en Droit
Secrétaire de la Conférence

POITIERS
IMPRIMERIE G. ROY
7, RUE VICTOR-HUGO, 7

1913

BARREAU DE POITIERS

DU DROIT DE VOTE DES FEMMES

DISCOURS

PRONONCÉ

A LA SÉANCE SOLENNELLE DE RÉOUVERTURE DE LA CONFÉRENCE DES AVOCATS STAGIAIRES

Le 18 Janvier 1913

PAR

PIERRE CHRISTIN

Avocat à la Cour d'Appel
Docteur en Droit
Secrétaire de la Conférence

POITIERS
IMPRIMERIE G. ROY
7, RUE VICTOR-HUGO, 7

1913

DU DROIT DE VOTE DES FEMMES

MONSIEUR LE BATONNIER,
MESSIEURS

Pendant la période d'évolution que traversent le Monde Nouveau et le Monde Ancien, s'il existe plusieurs questions à l'ordre du jour, une des plus importantes est le féminisme, dont la principale revendication est le *droit de vote*.

Le niveau de l'instruction se développant de plus en plus sous toutes les latitudes, les prérogatives des femmes devenant plus nombreuses, le sexe que nous voulons encore appeler le sexe faible a voulu et veut encore avoir à tout prix entre ses mains, comme les hommes, une puissance, une arme peut-être, le *bulletin de vote*.

Notre but est donc de rechercher, sans réticence et sans parti-pris, mais aussi sans passion ni acrimonie, s'il est juste que les femmes votent, si cette revendication peut s'harmoniser avec le suffrage universel des démocraties ainsi qu'avec les modes d'élection des autres gouvernements ?

C'est qu'en effet les femmes sont privées de presque tous les droits ayant un caractère politique. Elles ne sont ni électeurs ni éligibles. Cependant, toute femme peut être artiste, peintre, sculpteur, femme de lettres, doctoresse en médecine ou en droit, avocate (loi du 1er décembre 1900), directrice d'Ecole Normale, membre du Conseil Supérieur de l'Instruction Publique, honorée des palmes académiques ou du mérite agricole. Elles peuvent être patronnes, ouvrières, industrielles, négociantes. Elles peuvent concourir à l'élection des Conseillers Prudhommes (loi du 26 mars 1907), des juges des Tribunaux de Commerce (loi du 23 janvier 1898).

Or les femmes ne sont ni électeurs ni éligibles. Faudrait-il donc leur accorder ce double droit? Nous verrons que certains auteurs leur attribuent l'électorat, mais leur refusent l'éligibilité. Nous examinerons les opinions diverses qui tendent à leur refuser ou à leur attribuer plus ou moins largement toute participation au Suffrage Universel. Il faudrait les admettre d'abord au vote municipal et élever peu à peu leur capacité électorale. D'autres auteurs veulent une réforme radicale en leur donnant un droit de vote intégral et absolu.

Quant à nous, nous nous demanderons, en examinant la nature du droit de vote, s'il est possible de ne pas admettre que la femme doive être électeur au même titre que l'homme? Nous rechercherons ensuite si, en fait, il est permis de dire que la femme Française obtiendra bientôt ce droit dans notre libre et beau pays de France, et quelles sont les raisons qui peuvent motiver l'exercice de ce droit ou le faire refuser?

Historique.

Dans notre *Ancien Droit*, la Coutume de Beaumont, en 1182, admettait, pour les veuves et les femmes mariées, le droit, en l'absence de leurs maris, de prendre part aux votes et aux délibérations. Cette loi resta en vigueur dans des centaines de communes jusqu'à la Révolution (1).

En 1308, la ville de Beaulieu, en Touraine, envoya comme représentants aux Etats de Tours, plusieurs hommes et plusieurs femmes (2).

En 1788, les Etats du Dauphiné votent une Constitution provinciale approuvée par le Roi. Son Article 15 contenait : « Les maris dont les femmes auraient des biens soumis à 50 livres d'imposition royale foncière pourront être électeurs et éligibles. Il en sera de même des veuves propriétaires, qui pourront se faire représenter par leurs enfants majeurs (3)... »

L'article 20 d'un règlement du 24 janvier 1789 accorde l'électorat aux femmes possédant divisément, pour la nomination des délégués aux Etats-Généraux.

Le Journal des Droits de l'Homme, dans son numéro du 10 août 1791, contenait : « Sans contredit, le plus grand ouvrage qui soit sorti de la tête de nos législateurs, c'est la Déclaration des *Droits de l'Homme et du Citoyen*. Mais ils auraient dû décréter les *droits de la femme.* »

Condorcet, en 1788, dans son *Essai sur la Constitution et les fonctions des Assemblées Provinciales*, réclamait le vote politique des femmes. Celles-ci, du reste, pendant les événements qui servirent de prélude à la Révolution, formèrent des clubs populaires, et ce fut pour arrêter ce mouvement féministe que la Convention les interdit. La fameuse Olympe de Gouges créa

(1) Aug. Fabre, *le Féminisme : ses Origines et son Avenir*, p. 37.
(2) Bientaric, *la France sous Philippe le Bel*, p. 144 et Appendices.
(3) Leon Giraud, *Essai sur la condition privée de la femme en Europe et en Amérique* (édition de 1883).

cependant un petit cercle de femmes, et c'est en leurs noms qu'elle adressait ses brochures aux représentants de la nation. Elle fut l'une des premières féministes.

En 1791, s'adressant directement à l'Assemblée Nationale, elle l'invita à sanctionner une « Déclaration des droits de la femme et de la citoyenne ». Elle déclarait que, la femme naissant libre et égale à l'homme en droits et la loi devant être l'expression de la volonté générale, toutes les citoyennes, comme tous les citoyens, devraient concourir à sa formation, personnellement, ou par ses représentants : « La femme ayant le droit de monter à l'échafaud doit avoir le droit de monter à la Tribune (1). »

Sous l'Empire, le mouvement féministe s'arrête et reprend vers 1830 avec les théories Saint-Simoniennes proclamant l'égalité morale et politique des deux sexes. En 1840, Jeanne Derouin pose sa candidature à l'Assemblée Nationale, mais parmi les neuf cents Constituants, Pierre Leroux et Victor Considérant seuls se déclarent pour le suffrage des femmes. Aussi la Constitution de 1848 pose-t-elle : « Sont électeurs tous les Français âgés de 21 ans, et jouissant de leurs droits civils. »

Le 21 novembre 1851, Pierre Leroux propose d'accorder aux femmes l'électorat municipal, sa proposition est rejetée.

En 1871, *Léon Richer* publie un journal, « *le Droit des femmes* », et Victor Hugo, Anatole France adhèrent au mouvement d'affranchissement des femmes (2).

(1) Lairtullier, *les Femmes célèbres de 1789-1793*, tome II, pp. 98 et suiv.

(2) *Cf.* Marya Cheliga, *Revue Politique et Parlementaire*, août 1897.

On organise des Congrès féministes : le plus important fut en 1905 la réunion, à Paris, du « *Conseil International des femmes* », lequel fut présidé par la vice-reine d'Irlande. Les membres de ce Congrès furent reçus à Paris à l'Hôtel de Ville et les conseillers rivalisèrent d'amabilité, se déclarant dévoués féministes. « Eh bien ! leur répondit Mme Auclert, puisque vous êtes d'ardents féministes, promettez-nous d'employer votre pouvoir à soutenir le vœu que les femmes prennent part aux élections municipales. » Les édiles Parisiens s'inclinèrent. Etait-ce en signe de promesse ou de dénégation (1)?

La même Mme Auclert, en 1906, adressa à la Chambre des Députés et au Sénat une pétition dont nous extrayons ce passage : « Messieurs les Législateurs. Nous vous demandons de décider que les femmes, non représentées à la Chambre et au Sénat, soient exonérées de la charge de contribuer à l'indemnité des Sénateurs et des Députés... »

Le premier juin de cette même année (2), la Chambre des Députés, nouvellement élue, se réunissait pour la première fois. La séance allait commencer quand une nuée de petits papiers multicolores s'échappe d'une tribune et se disperse dans la salle des séances. Un député ramasse un des papiers, l'ouvre, le lit et déclare : « Messieurs les législateurs, voici ce dont il s'agit : ce sont vos femmes qui demandent à voter ! » Ces papiers avaient été lancés par une dame respectable, aux cheveux grisonnants : conduite à la questure, elle déclara que elle ou ses amies recommenceraient. Un quart d'heure après en effet, nouvelle chute de papillons mul-

(1) N° des *Lectures pour tous*, octobre 1906.
(2) N° de *l'Illustration* du 29 décembre 1906.

ticolores dont chacun portait la fameuse devise: « *La femme doit voter, puisqu'elle paie les imvôts.* »

Depuis cette date, le mouvement féministe ne s'est pas ralenti : aussi voit-on souvent à Paris, au moment des élections, se dérouler le long cortège des femmes qui revendiquent le droit de voter, et on ne raille plus comme jadis.

Lors des dernières élections municipales, les murs des villes et des villages étaient recouverts d'affiches multicolores qui réclamaient pour les femmes le droit de vote. A *Poitiers* même, on pouvait lire l'affiche suivante dont nous extrayons ce passage : « Français, vous allez exercer vos droits de citoyens. Nous, Françaises, nous ne sommes pas consultées sur les affaires de la cité. Cependant nous payons l'impôt comme les hommes ; comme eux nous subissons les lois, comme eux nous travaillons, soit pour gagner notre pain, soit pour élever la race future. L'injustice qui nous dénie encore les droits de citoyen en nous en laissant les charges est si criante que le Parlement s'en est ému. Une proposition de loi qui donne aux femmes l'élection et l'éligibilité en matière municipale, déposée par M. Dussaussoy, a été votée à l'unanimité par la Commission du Suffrage Universel et a été rapportée par M. Ferdinand Buisson en mars 1910 : 243 Députés ont signé une pétition pour que la discussion publique en ait lieu prochainement et plusieurs Conseils Généraux, entre autres celui de la Seine (1907), ont émis un vœu en ce sens... » Le Conseil Général du *Finistère* ainsi que celui de la *Somme*, se réunissant au mois de septembre dernier, ont émis à l'unanimité « un vœu tendant à accorder aux femmes le droit de vote et celui de pouvoir être élues à certaines fonctions publiques, telles que celles de Conseiller Municipal, de Conseiller d'Arrondissement et de Conseiller Général (1) ». Plus récemment, le 7 novembre, le *Conseil Municipal du Havre* adoptait à une forte majorité un vœu favorable au suffrage municipal des femmes.

Cette question du vote des femmes est même venue s'infiltrer dans une des discussions qui eurent lieu à la Chambre, au sujet de la Réforme électorale. Le 2 juillet dernier, lors de la *discussion du quotient Electoral et de la Réduction du Nombre des Députés*, M. Poincaré déclarait que le fait de calculer le nombre des sièges sur le nombre des habitants n'était nullement incompatible avec la réduction du nombre des Députés, et il ajoutait : « Il ne faut pas oublier, en outre, que nous représentons ici la nation entière avec ses intérêts complexes, les femmes, les mineurs, les soldats et non pas seulement les électeurs inscrits (2). »

A cela, objecte M. Andrieux : « Vous voulez que les femmes soient représentées à la Chambre. Pourquoi alors ne leur donnez-vous pas le droit de vote ? »

Et M. Maginot de répondre : « Elles ne veulent pas être représentées, en tout cas comme l'entend le gouvernement. La Ligue du suffrage des femmes m'a fait savoir que ses adhérentes n'entendaient pas être assimilées à des animaux recensés ! »

M. Andrieux termina cette discussion en déclarant en effet que : « La représentation que leur offre M. le Président du Conseil est évidemment bien incertaine et bien indirecte. » Récemment la Commision du Suffrage Universel, présidée par M. *Ferdinand Buisson*, vient

(1) *Petit Journal*, n° du 12 septembre 1912. *Cf. l'Officiel* de ce jour.
(2) *Le Journal*, n° du 8 septembre 1902.

de charger ce dernier de soutenir devant la Chambre un texte accordant tout au moins aux femmes le droit de vote aux élections municipales.

Enfin nous venons d'avoir une candidate à la Présidence de la République : ce fut Mlle *Marie Denizard*, une ardente suffragette, qui se présenta lors des dernières élections législatives dans toutes les circonscriptions du Département de la Somme.

Quoi qu'il en soit et quelle que soit l'opinion que l'on admette sur cette question si actuelle du Droit de vote des femmes, il est certain qu'il faudra bien la solutionner un jour et que celui-ci semble très proche.

Législation Comparée.

Si, en France, les femmes n'ont pas encore obtenu le droit de prendre part aux élections municipales et législatives, il n'en est pas de même dans les pays étrangers.

Une distinction s'impose entre les *élections Municipales ou Provinciales* et les *élections Législatives*.

1° Elections Municipales ou Provinciales

En *Angleterre*, nous nous trouvons en présence de deux premières unités : la *paroisse* et le *comté*.

Si la *Paroisse* est populeuse, les pouvoirs sont délégués à un conseil, et pour prendre part au vote il suffit de payer l'impôt. Les femmes votent donc ici comme les hommes, et depuis 1893 elles sont éligibles à ces conseils paroissiaux. En 1881, le vote municipal des femmes fut étendu à l'Ecosse.

Pour les *Comtés*, les femmes sont admises à l'élection des conseils de comté élus par tous les contribuables. Le « local government Act » de 1888 le déclare ainsi que l'Act de 1889 pour l'Ecosse, mais elles sont exclues de l'éligibilité aux conseils de comté.

Aux *Etats-Unis*, des 45 Etats de l'Union, huit seuls refusent aux femmes le droit de vote pour ce qui touche les matières d'école. Pour les élections municipales et provinciales, elles sont électeurs et éligibles dans le Wyoming, le Kansas, le Colorado, l'Utah, l'Idaho, etc.

En *Nouvelle-Zélande*, elles votent à toutes les élections locales.

En *Suède*, les femmes non mariées prennent part, au même titre que les hommes, aux Assemblées plénières des communes et aux élections qui constituent les conseils ce sont ces derniers et les Assemblées Générales qui nomment les organes exécutifs dela commune. Les femmes ont donc l'électorat communal, mais elles ne sont pas éligibles.

En *Islande* existe une administration des circonscriptions, et les femmes y sont admises par la loi de 1882.

La *Finlande* est régie, depuis le 20 juillet 1906, par une nouvelle Constitution qui a créé une représentation populaire et proportionnelle, élue au suffrage universel des habitants âgés de 24 ans sans distinction de sexe.

Il faut remarquer qu'en Prusse les femmes sont admises au suffrage municipal dans les communes rurales, mais non dans les villes, depuis la loi du 14 avril 1856.

En *Westphalie*, les femmes qui possèdent des immeubles d'une valeur suffisante pour que le droit de vote leur soit accordé, sont représentées par leurs maris ou par des électeurs du sexe masculin, s'il s'agit de femmes non mariées. (Loi du 19 mars 1856.)

Enfin en *Russie*, dans le Mir, dans la communauté de village, « tous les ayants intérêt » ont voix aux Assemblées Communales, et les femmes en conséquence y sont admises. Dans les Assemblées territoriales de district, elles votent par mandataires et il en est de même pour les conseils municipaux (1).

2°. Elections Législatives

En *Angleterre*, les femmes n'ont aucun droit de vote à ces élections. Toutefois une loi du 31 janvier 1881 reconnaît aux femmes propriétaires des droits politiques dans l'Ile de Man. C'est contre cette incapacité, au sujet des élections Législatives, qu'un immense mouvement de propagande a été soulevé par les Suffragettes. Dès 1869, du reste, *Stuart Mill,* dont l'entrée au Parlement fut le signal de ce mouvement en faveur du suffrage féminin, écrit dans « *l'Assujettissement des Femmes* »... « Récemment, plusieurs milliers de femmes, à commencer par les plus distinguées, ont adressé au Parlement des pétitions pour obtenir le droit de suffrage aux élections Parlementaires. Les réclamations des femmes qui demandent une éducation aussi solide et aussi étendue que celle des hommes deviennent de plus en plus pressantes et leur succès paraît de plus en plus certain ». En 1899, le Parlement des Femmes tint ses assises à Londres et, en 1906, le fameux parti le « *Labour Party* » avait déjà inscrit dans son programme le vote égal pour tous, hommes et

(1) *Réforme Sociale*, année 1896, n° 2, p. 89. Thèse Gorgeon, Rennes, 1907.

femmes, qu'il réclame aujourd'hui encore si énergiquement.

La question du Droit de Vote est déjà venue devant le Parlement Anglais et la Chambre des Communes dans sa séance du *26 mars 1912* a repoussé par *222* voix contre *208* seulement, la proposition de loi accordant le suffrage législatif aux femmes. Le parti féministe, devant une aussi imposante minorité, a redoublé de vigueur.

Les Suffragettes ne craignent même pas de recourir aux moyens violents. Le 19 juin dernier, *Sir Lloyd George*, ministre des finances, fut attaqué par des Suffragettes qui le saisirent par le bras et essayaient de jeter à terre son chapeau de soie, pendant que d'autres s'écriaient : « A quand la loi sur le suffrage des femmes(1)? » Le plus curieux de l'incident est que M. Lloyd George est un des plus chauds partisans du suffrage féminin. Elles allèrent même jusqu'à se rendre coupables de bris de glaces de devantures pour la modeste somme de 100.000 fr. et par suite de ces actes, mises en prison et soumises à la fameuse alimentation forcée.

Leur ami *Sir Lansbury* demanda la relaxation immédiate, tandis que le gouvernement avait décidé que celle-ci aurait lieu quelques jours plus tard : « Vous êtes au-dessous de tout mépris, s'écria sir Lansbury, en s'adressant à la majorité gouvernementale. Vous prétendez être des gentlemen, et vous employez contre les femmes l'alimentation forcée : vous les assassinez. C'est la chose la plus honteuse de l'histoire d'Angleterre et la postérité nous considérera comme des assassins de femmes innocentes. »

(1) *Cf.* nº du *Journal* du 20 juin 1912.

Elles s'en prirent également à *Sir Asquith*. Le premier ministre assistait le 27 juin à une réception chez son beau-frère ; vers onze heures, il fut saisi par les épaules. C'était une suffragette qui, une fois expulsée, fut remplacée par une autre fanatique du suffrage féminin attaquant de la même façon le premier ministre.

Elles viennent de changer leurs moyens d'action en organisant une *Croisade des Suffragettes Anglaises* (1). En septembre dernier elles décidèrent l'envoi de plus de cent mille Suffragettes qui allèrent à pied de Londres à Edimbourg. Le départ a eu lieu le 8 octobre, et l'arrivée vers la fin du mois de décembre. Elles avaient une solde de quarante-trois francs par mois ; leur directrice chevauchait sur un destrier noir. A chaque étape une grande réunion était organisée par les comités locaux.

La campagne Suffragiste fut souvent entrecoupée par des incidents. Le 20 juillet dernier, dans un meeting des Suffragettes, la foule, indisposée par leurs récents attentats, ne cessa pas de conspuer Miss Pankhurst qui dut, bien à contre cœur, renoncer à exprimer ses opinions.

Le 20 septembre, *Sir Lloyd George* inaugurait une école dans son pays natal ; quand il voulut prendre la parole, il fut interrompu par des cris de : « Le vote pour les femmes ! » La foule se précipita sur les Suffragettes, que la police recueillit juste à temps pour leur éviter une baignade forcée dans la rivière voisine.

Délaissant les réunions tumultueuses et les manifestations tapageuses, elles viennent d'inventer une manœuvre nouvelle, grâce à laquelle elles espèrent possé-

(1) *Cf.* les nos du *Journal* des 22 juillet, 21 et 22 septembre 1912.

der le droit d'entrer dans une petite cabine, où elles pourront tracer une croix à l'encre en regard du nom du candidat de leur choix à la Chambre des Communes. *Miss Gawthorpe* vient en effet d'écrire une lettre aux femmes, sœurs, mères, parentes et amies des ministres, des hauts fonctionnaires, des notabilités artistiques, scientifiques, littéraires, des grands seigneurs, pour qu'elles se joignent à elle dans l'exécution du projet qu'elle a conçu, et qui consiste à se laisser mourir de faim en masse. Miss Gawthorpe proposait à ses co-suffragettes de commencer la grève de la faim le 25 décembre 1912 à minuit et de la continuer jusqu'à la mort ou à l'obtention du Droit de vote (1). Elles ont imaginé encore de nouveaux moyens de défense. Elles jettent des liquides corrodants dans les boîtes aux lettres, ou brisent les avertisseurs d'incendie et appellent les pompiers, les envoyant dans toutes les directions pour éteindre de chimériques incendies (2).

Tous ces exemples nous montrent à quel point la surexcitation est vive aussi bien du côté des Suffragettes que du côté de leurs ennemis. Atteindront-elles leur but ?

Nous avons vu le récent vote du Parlement Anglais qui a rejeté le droit de vote des femmes seulement par 14 voix de majorité, aussi est-il possible que les Suffragettes Anglaises ne soient pas éloignées d'obtenir pleine satisfaction pour la plus chère de leurs revendications.

L'Amérique est, par excellence, le pays des Ligues féministes. Une revue étrangère annonçait que Washington était le siège d'une Ligue Nouvelle comprenant

(1) Cf. le n° du *Matin* du 10 octobre 1912, n° 10. 443.
(2) Cf. le n° du *Journal*, du 12 décembre 1912.

les jeunes filles de la Haute Société. Les adhérentes devaient jurer de n'épouser que des jeunes Américains et cela pour empêcher les millions de leurs pères de traverser l'Atlantique. Ainsi donc Lords Anglais, Ducs Français, Grands d'Espagne, Magnats Hongrois, Boiards Russes les jeunes Américaines vous déclarent la guerre. Mais elles ne sont pas encore victorieuses, l'existence luxueuse qui leur est offerte dans les capitales les séduira autant que les titres et elles préféreront un Hôtel aux Champs-Elysées, à Hyde Park, au Prater ou au Corso, à une maison de trente-quatre étages même placée dans la principale artère de Chicago.

C'est cependant grâce à cette union étroite des femmes d'Amérique que le mouvement féministe a produit d'heureux résultats dans ce pays au sujet de l'attribution aux femmes du droit de vote. De nombreux Etats ont accordé aux femmes la plénitude des droits électoraux, et celles-ci prennent part à la vie publique et politique au même titre que les hommes dans le Wyoming, le Colorado, l'Utah, l'Idaho, la Californie, le territoire de Washington, l'Orégon, le Kansas, l'Arizona et le Michigan (1). Mais les Américaines veulent que le droit de vote soit accordé à toutes les femmes des Etats-Unis et pour obtenir gain de cause elles mènent elles aussi une campagne acharnée. Cette question trouble même la paix de certains ménages Américains. Au mois de juin dernier la femme du célèbre Docteur James Taylor a demandé le Divorce. Mme Taylor est une suffragette militante, son mari est au contraire un adversaire acharné de ce mouvement. De là des discussions très violentes. Aussi Mme Taylor invoque-t-elle dans sa

(1) Ostrogorski, *la Femme au point de vue du droit public*, p. 66.

demande en divorce le fait que la question du droit de suffrage des femmes a fait naître une incompatibilité d'humeur qui rend la vie conjugale impossible (1).

Depuis quelques mois, la campagne des Suffragettes Américaines est devenue de plus en plus vive, car un événement important a donné plus de vigueur à la question du droit de vote : nous voulons parler de l'élection du nouveau Président de la République des Etats-Unis. Les Suffragettes avaient donc uni leur mouvement à la campagne Présidentielle. Elles poursuivirent les candidats dans les meetings en leur demandant s'ils étaient pour ou contre elles : aussi les trois candidats ont-ils été obligés de tenir compte des dites revendications, quoique M. Roosevelt dans son programme se soit le plus nettement prononcé en faveur du suffrage féminin ; l'élu, M. Wilson, ne s'y est pas déclaré hostile (2).

Les Suffragettes Américaines étaient du reste, pendant cette récente campagne, merveilleusement organisées. On vit entrer en scène les 23 sections, les 28 groupes d'étudiantes du Collège National pour l'égalité du suffrage, et les 35.000 membres de la ligue de l'Union Nationale des Femmes, composée surtout d'ouvrières possédant un magazine consacré aux besoins de la cause, et publiant une revue, *le Vote pour les femmes.*

Cette Ligue fonctionne comme une vraie « machine politique » tenant chaque année un Parlement où siègent près de huit cents déléguées des grandes villes. Pour conquérir des adhérentes, les Suffragettes ont cru devoir appeler à leur aide le théâtre et même le cinéma-

(1) Cf. le *Petit Journal*, n° du 25 juin 1912.
(2) Cf. le n° du *Petit Journal* du 24 juin 1912.

tographe. Une troupe d'actrices prises parmi les plus résolues jouaient des pièces suffragistes et des films démontraient les bienfaits du féminisme. Comme la musique doit accompagner toutes les manifestations de la vie, une Marseillaise féministe accompagnait ces exhibitions sensationnelles et suggestives (1). New-York vit même se déroule, le 10 novembre dernier, une procession monstre de 20.000 Suffragettes.

Le mouvement des Américaines en faveur de l'égalité des sexes devant le vote est donc des plus sérieux, et il est probable que, d'ici quelques années, elles obtiendront l'intégralité de leurs revendications.

Ce mouvement du reste a abouti depuis longtemps dans d'autres nationalités. C'est ainsi que dans la *Nouvelle-Zélande* les femmes participent aux élections législatives et ce droit leur appartient aussi en *Australie*. Les femmes non mariées qui rentrent dans la catégorie de la grande propriété votent par mandataires dans certains pays de la *monarchie Autrichienne* (2). En *Suède*, elles participent d'une façon indirecte à la formation de la Chambre Haute. En *Italie*, les femmes veuves ou légalement séparées d'avec leurs maris peuvent déléguer leurs contributions à un parent pour constituer ou parfaire son cens électoral.

En *Norvège*, depuis la loi du 24 juillet 1894, elles jouissent de l'*électorat*, ainsi qu'en *Finlande*, où les femmes sont électeurs et éligibles depuis 1907.

En 1905, la *Douma* a inscrit dans ses cahiers le suffrage des femmes. En *Belgique*, le gouvernement préparant pour 1913 une Réforme Electorale donnera satisfaction à l'une des revendications socialistes, car il est

(1) *La Mode Pratique*, n° du 17 août 1912.
(2) Ostrogorski, *op. cit.*, p. 84.

résolu à faire adopter le droit électoral législatif pour les femmes Belges (1).

Quel a été le résultat de l'attribution du Droit de Vote aux élections législatives ?

Au *Colorado*, Harriet Hanson Robinson écrit dans la Revue Parlementaire d'août 1898 (p.259) : « L'opinion générale sur les résultats du vote des femmes au Colorado est que cette réforme a habitué les femmes à compter davantage sur elles-mêmes ; les élections sont devenues plus calmes et l'harmonie domestique n'a pas été troublée. » Pour l'Etat du Wyoming, le juge Kingman déclare (2) que le résultat du suffrage féminin a été « d'élever le niveau moral et intellectuel de notre société et d'assurer l'élection des hommes les plus capables... ».

Un *homme d'Etat zélandais* a tracé un tableau du jour où, en 1893, les femmes votèrent pour la première fois en *Nouvelle-Zélande* : « Le matin de ce grand jour, écrit-il, fut clair et beau dans presque toute la colonie. Les femmes commencèrent tôt à voter. Par une disposition gracieuse, elles reçurent la permission d'avoir, dans les villes, certains bureaux de vote qui leur furent réservés jusqu'à midi. Les femmes des ouvriers s'endimanchèrent pour aller à l'urne la plus voisine. Quelquefois leurs maris les escortaient, car c'était un jour de vacance générale. Plus souvent, les femmes de deux ou trois familles se formaient en bande et allaient voter ensemble... Toutes avaient confortablement voté au moment du thé, quand le flot des ouvriers commença à remplir les lieux de vote. Tout se passa courtoise-

(1) *Le Journal*, n° 21 septembre 1912.
(2) Willey, *les Droits de la femme*, p. 37. Thèse Gorgeon, Rennes, 1907.

ment. Des voisines de bonne composition se relayèrent pour veiller sur les enfants durant le vote. Quand les urnes se fermèrent, à 6 heures, 90.000 femmes avaient voté (1). » Pourquoi, en France, cela se passerait-il autrement après un apprentissage progressif ?

Législation et Jurisprudence Françaises.

Les auteurs du *Code Civil* ont refusé de faire participer la femme à la puissance publique. Etait-ce par pensée de subordination mortifiante ? Non, témoin ce passage du Discours préliminaire, où *Portalis* déclare contraire à l'équité toute loi de succession qui rétablirait au profit des héritiers mâles les anciens privilèges de masculinité. Mais ils n'admettaient pas que la pudeur pût permettre aux femmes de se mêler à la vie publique des hommes, selon la vieille règle romaine : « *Feminae ab omnibus officiis virilibus et publicis remotae sunt.* »

Ce n'est pourtant pas que les réclamations manquèrent de la part des femmes. En 1880, quelques fortes têtes refusèrent de payer leurs impôts, « laissant aux hommes qui s'arrogent le privilège de gouverner, d'ordonner, de s'attribuer le budget, le privilège de payer les impôts qu'ils votent et répartissent à leur gré ». En janvier 1885, une demoiselle *Barberousse*, institutrice à Paris, demanda son inscription sur les listes électorales du 1er arrondissement. M. Carré, juge de Paix, rendit le 13 février 1883 la décision suivante (D., 85, 1, 105) : « Attendu que la demoiselle Barberousse fonde sa réclamation sur ce qu'aucun texte de loi n'interdit

(1) *Lecture pour tous*, nº d'octobre 1906.

aux femmes l'exercice des droits politiques : sur ce que le térme de « Français » employé par le législateur doit s'appliquer aux femmes en matière politique comme il s'y applique en matière civile... ;

« Attendu que les Constitutions qui se sont succédé depuis, notamment celles de 1848, 1852 et 1875, sont muettes pour relever les femmes de cette exclusion;

« Attendu que le citoyen est le Français qui a la plénitude de ses droits civils et politiques;

« Attendu que la femme n'a pas la plénitude des droits civils...; que si l'article 8 du C. Civil dispose que « tout Français jouira de ses droits civils » l'Art. 7 déclare que « l'exercice des droits civils est indépendant de la qualité de citoyen, laquelle ne s'acquiert et ne se conserve que conformément à la loi constitutionnelle » ;

« Attendu que les droits électoraux n'appartiennent qu'aux citoyens français ; que les femmes ne réunissent pas toutes les conditions qui font les citoyens Français ;

« Attendu enfin que si les femmes, répudiant les privilèges de leur sexe et s'inspirant des théories modernes, croient l'heure arrivée pour elles de briser les liens tutélaires dont elles sont entourées, la tradition, les mœurs et la loi, ce n'est pas devant les Tribunaux, mais devant le pouvoir législatif, qu'elles doivent porter leurs revendications... »

Mlle Barberousse forma un pourvoi en Cassation (1) basé sur : 1° Fausse application de lois tombées en désuétude;

2° Violation de l'Art. 1er de la Constitution des 4 et

(1) D., 85, 1,106.

10 novembre 1848 : « La souveraineté réside dans l'universalité des citoyens français; aucun individu, aucune fraction du peuple ne peut s'en attribuer l'exercice; »

3° Violation du décret organique des 2-21 février 1852, art. 12: « Sont électeurs, sans condition de cens, tous les Français âgés de 21 ans accomplis, jouissant de leurs droits civils et politiques », et des lois civiles subséquentes : celles des 7 juillet 1874 (art. 5) et du 5 avril 1884 (art. 14, parag. 3).

La Cour de Cassation rejeta le pourvoi avec les attendus suivants (1) :

« Attendu qu'aux termes de l'Article 7 du C. Civil l'exercice des Droits Civils est indépendant de la qualité de citoyen, laquelle confère seulement l'exercice des droits politiques et ne s'acquiert que conformément à la loi Constitutionnelle;

« Attendu que si les femmes jouissent des Droits Civils dans la mesure déterminée par la loi, suivant qu'elles sont célibataires ou mariées, aucune disposition constitutionnelle ou légale ne leur a conféré la jouissance et par suite l'exercice des droits politiques;

« Attendu que la jouissance de ces derniers droits est une condition essentielle de l'inscription sur les listes électorales;

« Attendu que la Constitution du 4 novembre 1848, en substituant le Suffrage Universel au suffrage restreint, dont les femmes étaient exclues, n'a pas étendu à d'autres qu'aux citoyens du sexe masculin, qui en étaient seuls investis, le droit d'élire les représentants du pays aux fonctions électives établies par les Consti-

(1) Thèse Gorgeon, Rennes, 1907.

tutions ou les lois : que cela résulte non seulement de la Constitution de 1848 et des lois des 15 mars 1849, 2 février 1852, 7 juillet 1874 et 5 avril 1884, mais plus encore des travaux préparatoires... »

Il est tout au moins permis, au sujet de cette question de droit, d'admettre que le mot « citoyen » dans les textes que nous venons de citer désigne une personne quelconque, aussi bien un citoyen qu'une citoyenne. C'est dans ce sens large que l'entend l'article 184 du Code Pénal. Par analogie il est permis d'admettre que le terme de « Français » désigne les membres de la nation sans distinction de sexe.

Dans l'état actuel de notre législation, il faudra donc un texte de loi qui permette aux femmes de voter. Quand le Parlement croira-t-il le moment propice pour l'accorder ? Une proposition de loi tendant à accorder aux femmes le droit de vote dans les élections aux Conseils Municipaux, aux Conseils d'Arrondissement et aux Conseils Généraux a été déposée au début de l'année 1910 par un député, *M. Dussaussoy*. En accordant l'électorat, il leur refuse l'éligibilité, car il est « naturel de les arrêter dans ce stade quand il s'agit d'un droit nouveau, inexpérimenté et souvent contesté ».

Pour M. Dussaussoy les attributions des Conseils ne comportent pas en principe l'existence de la puissance publique. Il voudrait rendre aux élections de ces Assemblées le caractère d'intérêt commun qu'elles n'auraient pas dû perdre, en en écartant toute idée politique. Constructions et réparations, créations et modifications de rues, de places, de promenades, de marchés ; questions au sujet des octrois, des bureaux de bienfaisance, des hôpitaux ; discussions sur les questions de laïcisation, d'attribution des biens des congrégations, d'éducation; fixation du budget... sont des matières auxquelles les femmes s'intéressent autant que les hommes. « La femme dont on reconnaît la compétence en matière budgétaire, la femme qui vote dans une assemblée de créanciers, dans un conseil d'Administration, la femme qui participe aux Syndicats, en forme et en dirige, serait-elle incapable d'exercer sur ces objets un contrôle qui lui permît de distinguer les administrateurs diligents? Administrateur ici, serait-elle incapable de choisir là (dans les Conseils d'Arrondissement) ses délégués? Sur quoi se baserait-on dès lors pour empêcher son droit de suffrage de s'étendre à l'élection des conseillers généraux qui, dans un cercle plus large, arrêtent des décisions analogues (1)? »

DE LA NATURE DU DROIT DE VOTE ET DES ARGUMENTS QUI PEUVENT ÊTRE INVOQUÉS EN FAVEUR DE CE DROIT OU CONTRE LUI

Quelle que soit la théorie que l'on admette sur la nature du Droit de Vote, on aboutit toujours à la reconnaissance de ce Droit pour la femme.

Admet-on, avec certains auteurs, que le vote est une « *fonction publique* »? Celle-ci ne doit être conférée qu'aux personnages capables de l'exercer, hommes ou femmes.

Découle-t-il au contraire du « *droit de souveraineté* », comme d'autres auteurs le déclarent? Il doit être reconnu à tous ceux qui composent la volonté générale, hommes et femmes (2).

(1) *Cf.* n° du *Féminisme chrétien de Belgique*, n° de décembre 1906.
(2) Turgeon, *le Féminisme Français*, tome II.

En conséquence, quelle que soit la nature du droit de vote, tous les Français et toutes les Françaises doivent le posséder.

Or, il semble qu'actuellement l'idéal de la femme soit d'imiter l'homme. Par suite des exigences de la vie, la femme du peuple travaille à l'usine, et voilà que celle de la bourgeoisie tend à envahir toutes les professions, même celles jusqu'ici réservées aux hommes. Notre siècle voit la femme médecin, avocat...

Le caractère de la femme actuelle est le résultat d'une évolution qui s'accentue quotidiennement. Envahissant les carrières masculines, elle réclame maintenant des droits politiques : il n'y a rien de surprenant à ce fait. Les femmes se sont toujours occupées, et s'occuperont toujours de politique, à tort ou à raison ; elles lisent les journaux, discutent les événements politiques et s'y intéressent. La femme a donc pris peu à peu conscience de son pouvoir ; elle s'est aperçue qu'étant une créatrice et une éducatrice son influence n'était pas en proportion de sa puissance. Les plus hardies veulent participer aujourd'hui à la vie sociale ; elles montrent par leurs succès dans les examens qu'elles subissent, et dans les emplois civils qu'elles tendent à envahir, des aptitudes sérieuses pour un grand nombre de fonctions que seuls les hommes occupaient jusqu'ici. Aussi Emile de Girardin saluait-il dans l'électorat des femmes : « l'avènement d'une politique plus haute, plus profonde et plus large, de moins en moins révolutionnaire et de plus en plus sociale. »

Il n'est donc pas étonnant qu'il soit fort aisé de présenter de nombreux arguments en faveur du Droit de Vote des Femmes.

On peut tout d'abord faire valoir des *considérations*

d'intérêt (1). Dans tout gouvernement, surtout dans une démocratie, la femme ne peut plus se désintéresser de la politique; travaillant comme l'homme, elle a intérêt à participer à l'élection des représentants qui pourraient protéger le fruit de son travail.

Edouard Drumont écrit(2) : « Du moment où l'homme abuse du privilège exclusif de faire des lois pour fouler aux pieds les sentiments et croyances de la femme, sous prétexte que la femme ne peut se défendre puisqu'elle ne vote pas, on ne voit pas pourquoi la femme ne réclamerait pas le droit de voter. »

Paul et Victor Margueritte affirment : « Il est permis de croire que tout d'abord le vote des femmes aurait un caractère de salubrité, de protection sociale. Tout ce qu'il y a de maternel, de tendre dans le cœur de la femme s'élèverait contre les fléaux destructeurs de la race, contre les maladies qui corrompent et dissolvent (3). »

M. Viviani, au Congrès International de 1900, déclare : « Toutes les lois que nous pourrions proposer seront vaines, si, pour accroître et défendre ces lois, les femmes ne sont pas armées du bulletin de vote. »

L'auteur d'un article signé *Antoine Redier*, au sujet d'un livre récent « *l'Entravée* », écrit dans la *Revue Française* (n° du 17 décembre 1911) : « Nous avons écarté les femmes de la vie politique, nous avons peut-être bien fait. Mais pourquoi leur interdire de participer au choix de nos représentants? Elles ne voteraient pas plus mal que nous : elles voteraient même beaucoup mieux... Je comprends la colère de cette femme ardente, qui assiste à la lutte contre la Patrie et la

(1) *Thèse Gorgeon*. Rennes, 1907.
(2) *Libre Parole*, n° du 26 février 1906.
(3) *Thèse Gorgeon*, Rennes, 1906.

religion, et qui est impuissante parce qu'on lui dit : « Tu es femme et tu as seulement le droit de regarder et de pleurer. »

A ces arguments, tirés de l'idée d'intérêt, s'ajoutent ceux issus de *l'idée de justice*. C'est l'application même du principe du suffrage universel.

Mme *Andrée Tery* écrit (1) : « Il n'y a pas de suffrage universel des hommes. Il n'y a pas de suffrage universel des femmes. Le suffrage universel c'est celui de tous les hommes et de toutes les femmes. » Celles-ci doivent en effet être représentées, car elles sont des unités composantes de la nation : or leurs maris ne les représentant pas toujours effectivement pourquoi une femme ne pourrait-elle pas remplacer son mari, autorisée par lui quand il est malade ou absent (2)? D'autre part, et cela est de plus en plus fréquent, le mari ne vote pas ; il s'abstient. En outre, quand il vote, représente-t-il utilement sa femme ? Leurs opinions sont souvent différentes : le vote doit donc être personnel, comme la pensée qu'il représente.

Le suffrage universel n'est donc qu'unisexuel. *M*[me] *Odette Laguerre* (3) écrit : « Si l'on estime que, malgré ses imperfections, le suffrage universel est encore la plus sûre garantie des droits individuels, il n'y a aucune raison pour le juger inutile à tout un sexe et pour refuser à l'ouvrière, par exemple, un moyen de défense et de libération qu'on reconnaît indispensable à l'ouvrier. »

En effet, le savant et l'ignorant, le mendiant et le riche, l'ouvrier et le patron, l'homme le plus intelligent et celui dénué de toute intelligence, tous sont

(1) *Cf. la Fronde*, n° du 9 octobre 1901.
(2) *Cf. le Journal*, n° 7405.
(3) *Cf.* Thèse Gorgeon précitée.

égaux devant le suffrage universel. Pourquoi donc refuser de parti pris le droit de vote aux femmes puisque c'est avec raison que tous les hommes sont égaux devant le suffrage universel?

Alexandre Dumas fils écrit : « Quand je pense que Jeanne d'Arc ne pourrait pas voter dans ce beau pays de France qu'elle avait sauvé (1) ! »

Cet argument du suffrage universel est certainement très fort. Du moment qu'un illettré vote comme un lettré, un domestique comme son maître, un paysan comme un bourgeois, pourquoi la femme du paysan, celle du domestique ou celle du bourgeois n'auraient-elles pas le droit de vote au même titre les unes que les autres et que leurs maris (2) ?

Pour renverser cette thèse, il faudrait condamner le suffrage universel : or, si illogique, jusqu'à un certain point, qu'il puisse paraître pour quelques personnes, le vote populaire est l'instrument nécessaire, et peut-être perfectible des sociétés modernes. Il est donc permis de dire avec M. Faguet que le suffrage universel remplira tôt ou tard sa définition et sera « le Suffrage de tous ». C'est une question de temps (3).

On peut enfin faire valoir en faveur du droit de vote des femmes des *considérations de capacité*. *M. Turgeon*, dans son livre sur *le Féminisme* (4), écrit : « Les femmes ont montré souvent un véritable talent de gouvernement, et, pour ne parler que du passé, Marie-Thérèse d'Autriche et la grande Catherine de Russie ont su faire belle figure dans le monde. Il est difficile, dans

(1) Lettre d'Alexandre Dumas à Mme Maria Cheliga Lewy (*Revue Encyclopédique* du 15 décembre 1895).

(2) Turgeon, *le Féminisme Français*, tome II, chap. III.

(3) Faguet, *Mesdames, au vote. Echo de la Semaine* du 28 novembre 1897, p. 322.

(4) *Op. cit.*, tome II, p. 28.

les classes populaires, de refuser à l'ouvrière plus de finesse et plus d'ouverture d'esprit qu'à l'ouvrier. La paysanne a l'intelligence plus éveillée, plus meublée, plus cultivée que le paysan. A la ville, et surtout à la campagne, tandis que le maître commande la maîtresse inspire et gouverne.

« De plus, la femme du peuple est d'une moralité supérieure à celle des hommes. Les statistiques criminelles établissent que le nombre des délinquants mâles dépasse considérablement le chiffre des condamnations encourues par les femmes. A quels gens le pays doit-il faire appel, de préférence à tous autres, lorsqu'il s'agit de choisir les législateurs, sinon aux membres de la société qui respectent le mieux les lois établies ? »

Maintenant que nous avons étudié les arguments que l'on peut présenter en faveur du droit de vote féminin, examinons les objections qui pourraient être soulevées contre lui.

Les unes sont *d'ordre rationnel*. C'est ainsi que M. *Fouillée* (1) déclare que les femmes sont toujours plus ou moins sous la tutelle de leurs maris. Cet argument se retournerait contre son auteur dans le cas, fréquent du reste, où c'est le mari qui est sous la dépendance de la femme. Et ce serait alors lui qui ne devrait pas voter. Enfin, si on admettait cette opinion, il faudrait dire, d'une façon générale, que quiconque subit la domination morale d'une personne devrait perdre le droit de voter. De plus, cette objection ne s'appliquerait ni aux veuves ni à celles des femmes qui ne sont pas résolues à se choisir un époux.

Contre le droit de vote des femmes, on peut aussi faire valoir leur *incapacité au point de vue civil*. Mais il

(1) Thèse Gorgeon, *op. cit.*

est facile de répondre que la capacité de la femme s'accroît de jour en jour, comme nous l'avons montré au début de cet exposé.

On tire aussi une objection de ce fait que, la femme étant affranchie du service militaire, la rançon de cette exemption consiste dans son exclusion des droits politiques. Si l'homme seul est électeur, c'est que seul il est soldat.

Or, si la femme n'est pas soumise à la charge du service militaire, est-ce que l'impôt du sang ne se compense pas par les charges de la maternité ? Si on dit aux femmes : « Ne vous plaignez pas de votre incapacité politique, vous ne payez pas l'impôt du sang. »

Elles répondront : « Nous le payons dans la personne de ceux qui nous sont le plus chers : fils, frères, époux, parents. Si nous sommes dispensées du service militaire, nous sommes condamnées à toutes les douleurs de la maternité. » On comprend maintenant le mot de *Michelet :* « Qui paie l'impôt du sang ? La mère (1) ! » Enfin est-ce qu'en cas de guerre les femmes Françaises ne savent pas se dévouer aussi bien que les hommes ? Est-ce que les ambulancières, les membres de la Croix Rouge et de l'Union des Femmes de France ne font pas preuve d'un grand dévouement ? Est-ce que *M*[me] *Feuillet* ne vient pas de donner l'exemple de l'héroïsme de la Femme Française ?

On nous dira encore : quand les femmes auront l'électorat elles voudront être élues. Il faudra alors fixer l'âge où elles pourront exercer les fonctions auxquelles elles auront été nommées, quarante ans, par exemple, âge auquel l'esprit féminin a acquis de la netteté, et de la pondération ? Il est tout d'abord important

(1) Turgeon, *op. cit.*, tome II, chap. III.

d'observer que, sous un régime de suffrage universel, le droit de participer à l'élection des Assemblées politiques n'entraîne pas nécessairement celui de s'y faire élire. Il faut remarquer que l'éligibilité n'est pas inséparable de l'électorat, et cette erreur est d'autant plus importante à rectifier que beaucoup hésitent à accepter cet électorat féminin parce qu'ils redoutent que l'éligibilité n'en soit une conséquence logique. De plus, si l'éligibilité est une fonction, il n'appartient qu'au législateur de la conférer, si l'intérêt social le réclame.

Il faudrait donc sur ce point accorder tout d'abord aux femmes un droit de vote limité, puis, plus tard, quand le Parlement comprendra mieux les intérêts généraux, croyez-vous que quelques femmes de mérite et de talent n'y seraient pas à leur place, aussi bien que dans nos Assemblées Communales ou Départementales ?

Passons maintenant aux objections *d'ordre moral.*

Des esprits subtils vous diront La femme est l'ange du foyer, elle doit donc s'y réserver les attributions familiales et domestiques, pendant que l'homme se lancera dans la vie politique.

M. Esmein (1) répond à cette objection en affirmant qu' il n'existe en elles aucune incapacité naturelle qui doive leur faire refuser le droit de suffrage. Leur intelligence est égale à celle de l'homme, souvent même plus développée. Il est en effet bien simple d'observer que le fait d'aller, une fois par an en moyenne, déposer un petit bulletin de vote n'empêchera pas la femme de vaquer aux soins de son ménage. Et cette objection est encore bien moins forte si on admet seule-

(1) *Eléments du Droit Constitutionnel*, p. 271 (édit. 1906).

ment le droit pour les femmes de voter une fois tous les quatre ans aux élections municipales.

On ajoute alors : ce serait introduire des éléments de troubles dans l'organisation politique des sociétés modernes.

Or il est prouvé, au contraire, que, partout où l'électorat a été conféré aux femmes, il n'a jamais troublé l'organisation politique des sociétés modernes. Qu'il nous suffise de rappeler les exemples déjà cités des *Etats-Unis*, *Colorado*, *Utah*, *Idaho*, *Wyoming*, etc. En *Angleterre*, les femmes contribuables votent aux élections municipales. A *Guernesey*, en *Suède*, en *Croatie*, les femmes votent, et partout les résultats sont satisfaisants.

On dit encore : En se lançant dans la vie politique, la femme perdrait quelque chose du charme qu'elle exerce et du respect qui lui est dû (1). Elle ferait mieux de conserver pour les siens « les trésors de sa douce et sage parole, les soins, le dévouement et les consolations dont la famille a besoin (2) ».

Or, on peut être électeur « sans descendre, comme dirait M. Prudhomme, dans l'arène des partis ». Une salle de vote n'est pas un mauvais lieu. Du reste, cet argument se retournerait contre ceux qui l'émettent, car si la femme devait perdre le respect qui lui est dû en se mêlant aux agitations électorales, on devrait en dire autant pour nous les hommes !

On peut encore nous objecter : « La famille a un vote ; si elle en avait deux, elle serait divisée, elle périrait (3) ». Supposez qu'un des époux soit catholique

(1) Gide, *Condition privée de la femme*, p. 7. Thèse Sauvage, Rennes.
(2) Duverger, *De la condition politique et civile des femmes*, p. 58.
(3) *Thèse Gorgeon*. Rennes.

convaincu et l'autre libre-penseur : ne voyez-vous pas les disputes conjugales qui vont troubler l'accord du ménage ?

Répondre à cette objection est chose facile. Des questions autrement graves divisent aujourd'hui un grand nombre de familles : questions religieuses, d'éducation, questions pécuniaires... Des dissentiments politiques amènent même souvent des troubles familiaux entre le père et les fils, ou entre deux frères, la famille n'en est cependant pas moins unie ; désaccords passagers qui cessent bien vite ou tout au moins qui finissent par s'effacer. D'autre part, il est fréquent de voir un libre-penseur épouser une croyante, la femme va à l'Eglise ou au Temple, le mari n'y va pas. Leur serait-il plus difficile de voter l'un pour un candidat déiste, l'autre pour un libre-penseur ?

Telles sont donc les principales objections qui peuvent être soulevées contre le droit de vote des femmes. Il nous a été fort facile de les réfuter, et elles ne sont pas en effet assez catégoriques pour former une barrière infranchissable contre les vives et légitimes revendications féministes sur ce sujet.

Conclusion.

La femme prend donc dans notre Société Moderne *un rôle de plus en plus grand*. Elle restera toujours « l'ange du foyer » et s'y réservera les nombreuses attributions familiales et domestiques. Elle saura toujours se sacrifier quand les circonstances l'exigeront, et la femme Française saura encore imiter, s'il le faut, le sublime acte de dévouement de *Madame Jacques Feuil-*

let, chevalier de la Légion d'Honneur, infirmière-major générale de l'Union des Femmes de France, morte le 24 août 1912, à l'hôpital militaire de Meknés, victime de son courage, à la suite des incidents que nous connaissons tous.

Mais nous devons aujourd'hui plus que jamais tenir compte de *l'évolution sociale.* Aussi notre conclusion sur la question que nous venons d'étudier ne peut-elle être radicale ni dans un sens ni dans un autre.

Ne pas tenir compte de cette évolution sociale qui existe dans toutes les nations du Monde, même en Chine, et au Thibet, ignorer les effets de la diffusion lente de l'instruction en Europe, comme en Amérique, en Asie et en Afrique, serait, à notre avis, commettre une faute grave, cette évolution sociale et cette diffusion de l'instruction ayant eu, dans bien des pays, autant et même plus d'influence sur les *hommes* que sur les *femmes.*

En tenir compte au contraire au point d'accorder immédiatement à toutes les femmes un droit de vote absolument semblable à celui des hommes serait commettre encore une faute lourde, ou tout au moins constituerait une innovation qui, comme toutes les innovations trop rapides, pourrait amener de désagréables surprises et même des catastrophes.

La nature nous indique la marche à suivre : « *natura non facit saltus* », la nature a une marche lente, mais progressive, elle ne procède pas par bonds. Il doit en être de même, quand on examine quelle solution il faut donner à la question que nous venons de traiter. Voyez en effet comment procède la nature : semez une graine qui vous semble bonne, dans un terrain fertile : elle naît, puis se développe lentement. Pour qu'elle arrive à son développement de plante adulte, et qu'elle produise des fleurs d'abord, puis des fruits, il lui faut une bonne température et surtout une durée de temps normale. Si vous la forcez, elle poussera trop vite, elle s'étiolera et ses fleurs, si elle en a, seront absolument stériles.

Il en est de même des questions sociales et surtout de celle que nous examinons. Les législateurs ne devront pas, dans cette innovation, agir brusquement, sans réfléchir aux conséquences de leurs votes, tout en songeant que la pensée de la femme électeur est en marche. Or ce sont les idées qui mènent le monde, et quand elles rencontrent sur leur chemin des âmes bien vivantes, elles aboutissent à des actions vertueuses, si les tendances qui les engendrent sont justes, ou à des actions mauvaises, si les idées dont elles procèdent sont erronées.

Il semble donc, et c'est la conclusion qui pourrait émaner des quelques vues émises par nous dans ce travail, que le premier pas à faire dans cette réforme électorale consisterait à accorder aux femmes Françaises *le droit de voter aux élections au Conseil Municipal*. Cette réforme ne serait pas trop hardie, et nous ne serions plus distancés sur ce point par presque toutes les autres nations.

Nous ne proposerions rien de surprenant puisque, *le trois décembre dernier, la Commission du Suffrage Universel, réunie sous la Présidence de M. Ferdinand Buisson a chargé ce dernier de soutenir, devant la Chambre des Députés, le texte adopté par la Commission de la précédente législature et qui accorde le droit de vote aux femmes tout au moins dans les élections municipales.*

Telle est la solution qui semble être *actuellement* la

meilleure : telle est aussi celle qui semble devoir triompher très prochainement.

Cette solution sera aussi la meilleure, car, pour lutter contre l'alcoolisme, contre les taudis, contre les conditions déprimantes de travail et de salaire, contre la misère qui désorganise les foyers, contre les lois qui renchérissent la vie, contre l'augmentation des impôts, l'action que le vote des femmes imprimera à l'organisation municipale sera une *grande force de civilisation.* Elle sera en même temps, nous en avons la conviction, un acheminement plus ou moins rapide à la paix sociale en faisant disparaître une inégalité flagrante, comme il en existe malheureusement encore beaucoup en notre Vingtième Siècle.

Poitiers. — Imprimerie G. Roy, 7, rue Victor-Hugo

www.ingramcontent.com/pod-product-compliance
Ingram Content Group UK Ltd.
Pitfield, Milton Keynes, MK11 3LW, UK
UKHW012119240726
13965UKWH00005B/1842

9 782013 064873